LE SICILIEN, OU L'AMOUR PEINTRE; COMEDIE.

Par J. B. P. MOLIERE.

Suivant la Copie imprimée
A PARIS.
M. DC. LXXIV.

ACTEURS.

ADRASTE, Gentilhomme françois, amant d'Isidore.

D. PEDRE, Sicilien, amant d'Isidore.

ISIDORE, Grecque, esclave de D. Pedre.

CLIMENE, Sœur d'Adraste.

HALI, Valet d'Adraste.

LE SENATEUR.

LES MUSICIENS.

TROUPE D'ESCLAVES.

TROUPE DE MAURES.

DEUX LACQUAIS.

LE SICILIEN, OU L'AMOUR PEINTRE, COMEDIE.

SCENE PREMIERE.

HALI, MUSICIENS.

HALI, *aux Musiciens.*

CHUT.... N'avançez pas davantage, & demeurez dans cet endroit, jusqu'à ce que je vous appelle. Il fait noir comme dans un four; Le Ciel s'est habillé, ce soir, en Scaramouche; & je ne vois pas une étoile qui montre le bout de son nez. Sotte condition que celle d'un Esclave! de ne vivre jamais pour soy, & d'estre, toûjours, tout entier aux passions d'un Maître! de n'estre reglé que par ses humeurs, & de se voir reduit à faire ses propres affaires de tous les soucis qu'il peut prendre! Le mien me fait, ici, épouser ses inquietudes; & parce qu'il est amoureux, il faut que nuit, & jour, je n'aye aucun repos. Mais voici des flambeaux, &, sans doute, c'est luy.

SCENE II.

ADRASTE, *& deux Laquais*, HALI.

ADRASTE.

Est-ce toy, Hali?

HALI.

Et qui pourroit-ce estre que moy? A ces heures de nuit, hors vous, & moy, Monsieur, je ne croy pas que personne s'avise de courir, maintenant, les ruës.

ADRASTE.

Aussi ne croy-je pas qu'on puisse voir personne qui sente, dans son cœur, la peine que je sens : car, enfin, ce n'est rien d'avoir à combattre l'indifference, ou les rigueurs d'une beauté qu'on aime ; on a, toûjours, au moins, le plaisir de la plainte, & la liberté des soûpirs. Mais ne pouvoir trouver aucune occasion de parler à ce qu'on adore ; ne pouvoir sçavoir d'une belle, si l'amour qu'inspire ses yeux, est pour luy plaire, ou luy déplaire ; c'est la plûs fâcheuse, à mon gré, de toutes les inquietudes ; & c'est où me reduit l'incommode jaloux, qui veille, avec tant de souci, sur ma charmante Grecque, & ne fait pas un pas sans la traîner à ses côtez.

HALI.

Mais il est, en amour, plusieurs façons de se parler ; & il me semble, à moy, que vos yeux, & les siens, depuis pres de deux mois, se sont dit bien des choses.

ADRASTE.

Il est vray qu'elle, & moy, souvent, nous nous som-

ſommes parlé des yeux! Mais comment reconnoiſtre que chacun, de noſtre coſté, nous ayons, comme il faut, expliqué ce langage? Et que ſçais-je, aprés tout, ſi elle entend bien tout ce que mes regards luy diſent? & ſi les ſiens me diſent ce que je croy, par fois, entendre?

HALI.

Il faut chercher quelque moyen de ſe parler d'autre maniere.

ADRASTE.

As-tu là tes Muſiciens?

HALI.

Ouy.

ADRASTE.

Fay les approcher. Je veux, juſques au jour, les faire, ici, chanter; & voir ſi leur Muſique n'obligera point cette belle à paroiſtre à quelque feneſtre.

HALI.

Les voici. Que chanteront-ils?

ADRASTE.

Ce qu'ils jugeront de meilleur.

HALI.

Il faut qu'ils chantent un trio qu'ils me chanterent l'autre jour.

ADRASTE.

Non, ce n'eſt pas ce qu'il me faut.

HALI.

Ah! Monſieur, c'eſt du beau beccare.

ADRASTE.

Que diantre veux-tu dire avec ton beau beccare?

HALI.

Monſieur, je tiens pour le beccare: Vous ſçavez que je m'y connois. Le beccare me charme: Hors du beccare, point de ſalut en harmonie. Ecoutez un peu ce trio.

ADRASTE.

Non, je veux quelque chose de tendre & de passionné ; quelque chose qui m'entretienne dans une douce réverie.

HALI.

Je voy bien que vous estes pour le bémol : mais il y a moyen de nous contenter l'un l'autre. Il faut qu'ils vous chantent une certaine Scene d'une petite Comedie que je leur ay veu essayer. Ce sont deux Bergers amoureux, tous remplis de langueur, qui sur bémol, viennent, separément, faire leurs plaintes dans un bois ; puis se découvrent l'un à l'autre, la crüauté de leurs Maistresses ; &, là-dessus, vient un Berger joyeux, avec un beccare admirable, qui se moque de leur foiblesse.

ADRASTE.

J'y consens. Voyons ce que c'est.

HALI.

Voici, tout juste, un lieu propre à servir de Scene ; & voila deux flambeaux pour éclairer la Comedie.

ADRASTE.

Place toy contre ce logis, afin qu'au moindre bruit que l'on fera dedans, je fasse cacher les lumieres.

SCENE III.

Chantée par trois Musiciens.

1. MUSICIEN.

SI du triste recit de mon inquiétude,
Je trouble le repos de vostre solitude,
Rochers, ne soyez point fâchez;
Quand vous sçaurez l'excés de mes peines secrettes,
Tout Rochers que vous estes,
Vous en serez touchez.

2. MUSICIEN.

Les oyseaux réjoüis, dés que le jour s'avance,
Recommancent leurs chants dans ces vastes forests;
Et moy j'y recommance
Mes soûpirs languissans, & mes tristes regrets.
Ah! mon cher Philene.

1. MUSICIEN.

Ah! mon cher Tirsis.

2. MUSICIEN.

Que je sens de peine!

1. MUSICIEN.

Que j'ay de soucis!

2. MUSICIEN.

Toûjours sourde à mes vœux est l'ingrate Climene.

1. MUSICIEN.

Cloris n'a point, pour moy, de regards adoucis.

 TOUS.

TOUS DEUX.

O loy trop inhumaine !
Amour, si tu ne peux les contraindre d'aimer,
Pourquoy leur laisses-tu le pouvoir de charmer ?

3. MUSICIEN.

Pauvres amans, quelle erreur
D'adorer des inhumaines ?
Jamais les ames bien saines
Ne se payent de rigueur ;
Et les faveurs, sont les chaînes
Qui doivent lier un cœur.

On voit cent belles ici,
Auprés de qui je m'empresse ;
A leur voüer ma tendresse,
Je mets mon plus doux souci ;
Mais lors que l'on est tygresse,
Ma foy, je suis tygre aussi.

1. & 2. MUSICIEN.

Heureux, helas ! qui peut aimer ainsi.

HALI.

Monsieur, je viens d'oüir quelque bruit au dedans.

ADRASTE.

Qu'on se retire viste, & qu'on éteigne les flambeaux.

SCENE IV.

D. PEDRE, ADRASTE, HALI.

D. PEDRE.

Sortant en bonnet de nuit, & robe de chambre, avec une Epée sous son bras.

IL y a quelque temps que j'entens chanter à ma porte; &, sans doute, cela ne se fait pas pour rien. Il faut que, dans l'obscurité, je tâche à découvrir quelles gens ce peuvent estre.

ADRASTE.

Hali?

HALI.

Quoy?

ADRASTE.

N'entens-tu plus rien?

HALI.

Non.

D. Pedre est derriere eux, qui les écoute.

ADRASTE.

Quoy! tous nos efforts ne pourront obtenir que je parle un moment à cette aimable Grecque? Et ce jaloux maudit, ce traistre de Sicilien, me fermera, toûjours, tout accés auprés d'elle?

HALI.

Je voudrois, de bon cœur, que le diable l'eust emporté, pour la fatigue qu'il nous donne; le fâcheux, le bourreau qu'il est. Ah! si nous le tenions ici, que je prendrois de joye à vanger sur son dos, tous les pas inutiles que sa jalousie nous fait faire!

ADRASTE.

Si faut-il bien, pourtant, trouver quelque moyen, quelque invention, quelque ruse, pour attra-

attraper nostre brutal ; j'y suis trop engagé, pour en avoir le dementy ; & quand j'y devrois employer....

HALI.

Monsieur, je ne sçay pas ce que cela veut dire. Mais la porte est ouverte ; &, si vous le voulez, j'entreray doucement, pour découvrir d'où cela vient.

D. Pedre se retire sur sa porte.

ADRASTE.

Ouy, fais, mais sans faire de bruit ; je ne m'éloigne pas de toy. Plut au Ciel, que ce fut la charmande Isidore !

D. PEDRE, *luy donnant sur la joüe.*

Qui va là ?

HALI, *luy en faisant de même.*

Ami.

D. PEDRE.

Hola, Francisque, Dominique, Simon, Martin, Pierre, Thomas, George, Charles, Barthelemy ; allons, promptement, mon épée, ma rondache, ma halebarde, mes pistolets, mes mousquetons, mes fuzils ; viste, dépeschez ; allons, tuë, point de quartier.

SCENE V.

ADRASTE, HALI.

ADRASTE.

JE n'entens remüer personne. Hali? Hali?

HALI, *Caché dans un coin.*

Monsieur.

ADRASTE.

Où, donc, te caches-tu?

HALI.

Ces gens sont-ils sortis?

ADRASTE.

Non, personne ne bouge.

HALI, *en sortant d'où il estoit caché.*

S'ils viennent, ils seront frottez.

ADRASTE.

Quoy! tous nos soins seront, donc, inutiles? &, toûjours, ce fâcheux jaloux se moquera de nos desseins?

HALI.

Non, le courroux du point d'honneur me prend; Il ne sera pas dit qu'on triomphe de mon adresse; ma qualité de fourbe s'indigne de tous ces obstacles; & je prétens faire éclater les talens que j'ay eus du Ciel.

ADRASTE.

Je voudrois, seulement, que par quelque moyen, par un billet, par quelque bouche, elle fut avertie des sentimens qu'on a pour elle, & sçavoir les siens là-dessus. Aprés on peut trouver facilement, les moyens...

HALI.

Laissez-moy faire seulement; j'en essayeray tant de toutes les manieres, que quelque chose, enfin, nous pourra reüssir. Allons, le jour paroist; je vais chercher mes gens, & venir attendre, en ce lieu, que nostre jaloux sorte.

SCENE VI.

D. PEDRE, ISIDORE.

ISIDORE.

JE ne sçay pas quel plaisir vous prenez à me reveiller si matin; cela s'ajuste assez mal, ce me semble, au dessein que vous avez pris de me faire peindre aujourd'huy; & ce n'est guéres pour avoir le teint frais, & les yeux brillans, que se lever ainsi dés la pointe du jour.

D. PEDRE.

J'ay une affaire qui m'oblige à sortir à l'heure qu'il est.

ISIDORE.

Mais l'affaire que vous avez, eust bien pû se passer, je croy, de ma presence; & vous pouviez, sans vous incommoder, me laisser goûter les douceurs du sommeil du matin.

D. PEDRE.

Ouy; mais je suis bien aise de vous voir, toûjours, avec moy. Il n'est pas mal de s'assurer, un peu, contre les soins des surveillans; & cette nuit, encore, on est venu chanter sous nos fenestres.

ISIDORE.

Il est vray, la Musique en estoit admirable.

D. PEDRE.

C'estoit pour vous que cela se faisoit?

ISIDORE.

Je le veux croire ainsi, puis que vous me le dites.

D. PEDRE.

Vous sçavez qui estoit celuy qui donnoit cette serenade?

ISIDORE.

Non pas ; mais qui que ce puisse estre, je luy suis obligée.

D. PEDRE.

Obligée !

ISIDORE.

Sans doute, puis qu'il cherche à me divertir.

D. PEDRE.

Vous trouvez, donc, bon qu'on vous aime ?

ISIDORE.

Fort bon ; cela n'est jamais qu'obligeant.

D. PEDRE.

Et vous voulez du bien à tous ceux qui prennent ce soin ?

ISIDORE.

Assurément.

D. PEDRE.

C'est dire fort net ses pensées.

ISIDORE.

A quoy bon de dissimuler ? Quelque mine qu'on fasse, on est toûjours, bien-aise d'estre aimée : ces hommages à nos appas, ne sont, jamais pour nous déplaire. Quoy qu'on en puisse dire, la grande ambition des femmes est, croyez-moy, d'inspirer de l'amour. Tous les soins qu'elles prenent, ne sont que pour cela ; & l'on n'en voit point de si fiére, qui ne s'applaudisse, en son cœur, des conquestes que font ses yeux.

D. PEDRE.

Mais si vous prenez, vous, du plaisir, à vous voir aimée ; sçavez-vous bien, moy qui vous aime, que je n'y en prens nullement ?

ISIDORE.

Je ne sçay pas pourquoy cela ; & si j'aimois quelqu'un, je n'aurois point de plus grand plaisir, que de le voir aimé de tout le monde. Y a-t-il rien qui marque, davantage, la beauté du choix que l'on

 fait ?

fait? & n'est-ce pas pour s'applaudir, que ce que nous aimons soit trouvé fort aimable ?

D. PEDRE.

Chacun aime à sa guise, & ce n'est pas la ma methode. Je seray fort ravi qu'on ne vous trouve point si belle ; & vous m'obligerez, de n'affecter point tant de la paroistre à d'autres yeux.

ISIDORE.

Quoy ! jaloux de ces choses-là ?

D. PEDRE.

Ouy, jaloux de ces choses-là ; mais jaloux comme un tygre, &, si voulez, comme un diable. Mon amour vous veut toute à moy ; sa delicatesse s'offense d'un soûris, d'un regard qu'on vous peut arracher ; & tous les soins qu'on me voit prendre, ne sont que pour fermer tout accés aux galans, & m'asseurer la possession d'un cœur dont je ne puis souffrir qu'on me vole la moindre chose.

ISIDORE.

Certes, voulez-vous que je dise ? vous prenez un mauvais parti ; & la possession d'un cœur est fort mal assurée, lors qu'on pretend le retenir par force. Pour moy, je vous l'avouë, si j'estois galant d'une femme qui fût au pouvoir de quelqu'un, je mettrois toute mon estude à rendre ce quelqu'un jaloux, & l'obliger à veiller, nuit, & jour, celle que je voudrois gagner. C'est un admirable moyen d'avancer ses affaires : & l'on ne tarde gueres, à profiter du chagrin, & de la colere que donne à l'esprit d'une femme, la contrainte, & la servitude.

D. PEDRE.

Si bien, donc, que si quelqu'un vous en contoit, il vous trouveroit disposée à recevoir ses vœux?

ISIDORE.

Je ne vous dis rien là-dessus. Mais les femmes, enfin, n'aiment pas qu'on les gesne ; & c'est beaucoup

coup risquer, que de leur montrer des soupçons, & de les tenir renfermées.

D. PEDRE.

Vous reconnoissez peu ce que vous me devez : & il me semble qu'une Esclave que l'on a affranchie, & dont on veut faire sa femme....

ISIDORE.

Quelle obligation vous ay je, si vous changez mon Esclavage en un autre beaucoup plus rude? si vous ne me laissez joüir d'aucune liberté, & me fatiguez, comme on voit, d'une garde continuelle?

D. PEDRE.

Mais tout cela ne part que d'un excés d'amour.

ISIDORE.

Si c'est vostre façon d'aimer, je vous prie de me haïr.

D. PEDRE.

Vous estes, aujourd'huy, dans une humeur desobligeante; & je pardonne ces paroles au chagrin où vous pouvez estre, de vous estre levée matin.

SCENE VII.

D. PEDRE, HALI, ISIDORE.

Hali, faisant plusieurs réverences à D. Pedre.

D. PEDRE.

TRéve aux ceremonies, que voulez-vous?

HALI.

Il se retourne devers Isidore, à chaque parole qu'il dit à D. Pedre: & luy fait des signes pour luy faire connoistre le dessein de son Maistre.

Signor (avec la permission de la Signore) je vous diray (avec la permission de la Signore) que je viens vous trouver (avec la permission de la Signore) pour vous prier (avec la permission de la Signore) de vouloir bien (avec la permission de la Signore)....

D. PEDRE.

Avec la permission de la Signore, passez un peu de ce costé.

HALI.

Signor, je suis un Virtuose.

D. PEDRE.

Je n'ay rien à donner.

HALI.

Ce n'est pas ce que je demande. Mais comme je me mesle un peu de Musique, & de danse, j'ay instruit quelques Esclaves qui voudroient bien trouver un Maistre qui se plût à ces choses; & comme je sçay que vous estes une personne considerable, je voudrois vous prier de les voir, & de les entendre, pour les acheter, s'ils vous plaisent, ou pour leur enseigner quelqu'un de vos amis qui voulût s'en accommoder.

ISIDORE.

C'est une chose à voir, & cela nous divertira. Faites-les nous venir.

HALI.

Chala bala.... Voici une Chanson nouvelle, qui est du temps. Ecoutez bien, chala bala.

SCENE VIII.

Hali chante dans cette Scene: & les Esclaves dansent dans les intervalles de son chant.

HALI, & quatre Esclaves, ISIDORE, D. PEDRE.

HALI, *Chante.*

D'Un cœur ardant en tous lieux,
Un amant suit une belle;
Mais d'un jaloux odieux,
La vigilance eternelle,
Fait qu'il ne peut que des yeux
S'entretenir avec elle.
Est-il peine plus cruelle
Pour un cœur bien amoureux?

Chiribirida ouch alla,
Star bon Turca,
Non aver danara
Ti voler comprara,
Mi servir à ti,
Se pagar per mi,
Far bona accina,
Mi levar matina,
Far boler cadara,
Parlara, parlara,
Ti voler comprara.

C'est

C'est un supplice à tous coups,
Sous qui cet amant expire :
Mais si d'un œil un peu doux,
La belle voit son martyre,
Et consent qu'aux yeux de tous,
Pour ses attraits il soûpire,
Il pourroit, bientost, se rire
De tous les soins du jaloux.

Chiribirida ouch alla,
Starbon Turca,
Non aver danara
Ti voler comprara,
Mi servir à ti,
Se pagar per mi,
Far bona accina,
Mi levar matina,
Far boler cadara,
Parlara, parlara,
Ti voler comprara.

D. PEDRE.

Sçavez-vous, mes drôles,
Que cette chanson
Sent, pour vos épaules,
Les coups de baston ?

Chiribirida ouch alla,
Mi ti non comprara,
Ma ti bastonnara,
Si, si, non andara,
Andara, andara,
O ti bastonnara.

Oh, oh, quels Egrillards ! Allons, rentrons ici, j'ay changé de pensée, & puis le temps se couvre un peu.

A Hali

A Hali qui paroît encor-là.

Ah ! Fourbe, que je vous y trouve.

HALI.

Hé bien ouy, mon Maiſtre l'adore ; il n'a point de plus grand deſir que de luy montrer ſon amour ; & ſi elle y conſent, il la prendra pour femme.

D. PEDRE.

Ouy, ouy, je la luy garde.

HALI.

Nous l'aurons, malgré vous.

D. PEDRE.

Comment, coquin....

HALI.

Nous l'aurons, dis-je, en dépit de vos dents.

D. PEDRE.

Si je prens....

HALI.

Vous avez beau faire la garde, j'en ay juré, elle ſera à nous.

D. PEDRE.

Laiſſe-moy faire, je t'attraperay ſans courir.

HALI.

C'eſt nous qui vous attraperons ; elle ſera noſtre femme, la choſe eſt reſoluë ; il faut que j'y periſſe, ou que j'en vienne à bout.

SCENE IX.

ADRASTE, HALI.

HALI.

MOnsieur, j'ay, déja, fait quelque petite tentative, mais je....

ADRASTE.

Ne te mets point en peine, j'ay trouvé, par hazard, tout ce que je voulois: & je vais joüir du bonheur de voir, chez elle, cette belle. Je me suis rencontré chez le peintre Damon, qui m'a dit, qu'aujourd'huy, il venoit faire le portrait de cette adorable personne: & comme il est, depuis long-temps, de mes plus intimes amis, il a voulu servir mes feux, & m'envoye à sa place, avec un petit mot de lettre, pour me faire accepter. Tu sçais que, de tout temps, je me suis plû à la peinture, & que, par fois, je manië le pinceau, contre la coûtume de France, qui ne veut pas qu'un Gentilhomme sçache rien faire: ainsi, j'auray la liberté de voir cette belle à mon aise. Mais je ne doute pas que mon jaloux fâcheux ne soit, toûjours, present, & n'empesche tous les propos que nous pourrions avoir ensemble: &, pour te dire vray, j'ay, par le moyen d'une jeune Esclave, un stratagéme, pour tirer cette belle Grecque des mains de son jaloux, si je puis obtenir d'elle, qu'elle y consente.

HALI.

Laissez moy faire, je veux vous faire un peu de jour à la pouvoir entretenir. Il ne sera pas dit que je ne serve de rien dans cette affaire-là. Quand allez-vous?

ADRASTE.

Tout de ce pas, & j'ay, déja, preparé toutes choses.

HALI.

HALI.

Je vay, de mon costé, me preparer aussi.

ADRASTE.

Je ne veux point perdre de temps. Hola. Il me tarde que je ne goûte le plaisir de la voir.

SCENE X.

D. PEDRE, ADRASTE.

D. PEDRE.

QUe cherchez-vous, Cavalier, dans cette maison?

ADRASTE.

J'y cherche le Seigneur D. Pedre.

D. PEDRE.

Vous l'avez devant vous.

ADRASTE.

Il prendra, s'il luy plaist, la peine de lire cette lettre.

D. PEDRE, *lit.*

JE vous envoye, au lieu de moy, pour le portrait que vous sçavez, ce Gentilhomme François, qui, comme curieux d'obliger les honnestes gens, a bien voulu prendre ce soin, sur la proposition que je luy en ay faite. Il est, sans contredit, le premier homme du monde pour ces sortes d'ouvrages; & j'ay crû que je ne pouvois rendre un service plus agreable, que de vous l'envoyer, dans le dessein que vous avez d'avoir un portrait achevé, de la personne que vous aimez. Gardez-vous bien, sur tout, de luy parler d'aucune récompense: car c'est un homme qui s'en offenseroit, & qui ne fait les choses que pour la gloire, & pour la réputation.

D. PEDRE, *parlant au François.*

Seigneur François, c'est une grande grace que vous me voulez faire; & je vous suis fort obligé.

ADRASTE.

Toute mon ambition eſt de rendre ſervice aux gens de nom, & de merite.

D. PEDRE.

Je vais faire venir la perſonne dont il s'agit.

SCENE II.

ISIDORE, D. PEDRE, ADRASTE, *& deux Laquais.*

D. PEDRE.

VOici un Gentilhomme que Damon nous envoye, qui ſe veut bien donner la peine de vous peindre. *Adraſte baiſe Iſidore, en la ſalüant : & Dom Pedre luy dit.* Hola, Seigneur François, cette façon de ſalüer n'eſt point d'uſage en ce Païs.

ADRASTE.

C'eſt la maniere de France.

D. PEDRE.

La maniere de France eſt bonne pour vos femmes ; mais pour les noſtres, elle eſt, un peu, trop familiere.

ISIDORE.

Je reçois cet honneur avec beaucoup de joye ; l'avanture me ſurprend fort ; &, pour dire le vray, je ne m'attendois pas d'avoir un peintre ſi illuſtre.

ADRASTE.

Il n'y a perſonne, ſans doute, qui ne tinſt à beaucoup de gloire, de toucher à un tel ouvrage. Je n'ay pas grande habileté ; mais le ſujet, ici, ne fournit que trop de luy-même, & il y a moyen de faire quelque choſe de beau ſur un original fait comme celuy-là.

ISIDORE.

L'orginal eſt peu de choſe, mais l'addreſſe du peintre en ſçaura couvrir les defauts.

ADRASTE.

Le peintre n'y en voit aucun ; & tout ce qu'il souhaite, est d'en pouvoir representer les graces aux yeux de tout le monde, aussi grandes qu'il les peut voir.

ISIDORE.

Si vostre pinceau flate autant que vostre langue, vous allez me faire un portrait qui ne me ressemblera pas.

ADRASTE.

Le Ciel, qui fit l'original, nous oste le moyen d'en faire un portrait qui puisse flater.

ISIDORE.

Le Ciel, quoy que vous en disiez, ne....

D. PEDRE.

Finissons cela, de grace, laissons les complimens, & songeons au portrait.

ADRASTE.

Allons, apportez tout.

On apporte tout ce qu'il faut, pour peindre Isidore.

ISIDORE.

Où voulez-vous que je me place ?

ADRASTE.

Ici. Voici le lieu le plus avantageux, & qui reçoit le mieux les veuës favorables de la lumiere que nous cherchons.

ISIDORE.

Suis-je bien ainsi ?

ADRASTE.

Ouy. Levez-vous un peu, s'il vous plaist ; Un peu plus de ce costé-là ; le corps tourné ainsi ; la teste un peu levée, afin que la beauté du cou paroisse. Ceci un peu plus découvert. *Il parle de sa gorge* ; Bon. Là, un peu davantage ; encore tant soit peu.

D. PEDRE.

Il y a bien de la peine à vous mettre ; ne sçauriez-vous vous tenir comme il faut ?

ISIDORE.

Ce sont, ici, des choses toutes neuves pour moy ; & c'est à Monsieur à me mettre de la façon qu'il veut.

ADRASTE.

Voila qui va le mieux du monde, & vous vous tenez à merveilles. *La faisant tourner un peu devers luy.* Comme cela, s'il vous plaist. Le tout depend des latitudes qu'on donne aux personnes qu'on peint.

D. PEDRE.

Fort bien.

ADRASTE.

Un peu plus de ce costé ; Vos yeux, toûjours, tournez vers moy, je vous en prie ; Vos regards attachez aux miens.

ISIDORE.

Je ne suis pas comme ces femmes qui veulent, en se faisant peindre, des portraits qui ne sont point elles ; & ne sont point satisfaites du peintre, s'il ne les fait, toûjours, plus belles que le jour. Il faudroit, pour les contenter, ne faire qu'un portrait pour toutes ; car, toutes demandent les mêmes choses ; un teint tout de lys & de roses, un nez bien fait, une petite bouche, & de grands yeux vifs, bien fendus ; &, sur tout, le visage pas plus gros que le poing, l'eussent-elles d'un pied de large. Pour moy, je vous demande un portrait qui soit moy, & qui n'oblige point à demander qui c'est.

ADRASTE.

Il seroit malaisé qu'on demandast cela du vostre ; & vous avez des traits à qui fort peu d'autres ressemblent. Qu'ils ont de douceurs, & des charmes ! & qu'on court de risque à les peindre !

D. PEDRE.

Le nez me semble un peu trop gros.

ADRASTE.

J'ay leu, je ne sçay où, qu'Apelle peignit, autrefois, une Maistresse d'Alexandre; & qu'il en devint, la peignant, si éperdument amoureux, qu'il fut prés d'en perdre la vie: de sorte qu'Alexandre, par generosité, luy ceda l'objet de ses vœux. *Il parle à D. Pedre.* Je pourrois faire, ici, ce qu'Apelle fit autrefois; mais vous ne feriez pas, peut-estre, ce que fit Alexandre.

ISIDORE.

Tout cela sent la nation; &, toûjours, Messieurs les François ont un fonds de galanterie qui se répand par tout.

ADRASTE.

On ne se trompe guere à ces sortes de choses; & vous avez l'Esprit trop éclairé, pour ne pas voir de quelle source partent les choses qu'on vous dit. Ouy, quand Alexandre seroit ici, & que ce seroit vostre amant, je ne pourrois m'empescher de vous dire, que je n'ay rien veu de si beau que ce que je vois maintenant, & que....

D. PEDRE.

Seigneur François, vous ne devriez pas, ce me semble, parler; cela vous detourne de vostre ouvrage.

ADRASTE.

Ah! point du tout, j'ay, toûjours, de coûtume de parler quand je peins; & il est besoin, dans ces choses, d'un peu de conversation, pour reveiller l'Esprit, & tenir les visages dans la gayeté necessaire aux personnes que l'on veut peindre.

SCENE XII.

HALI *vestu en Espagnol*, D. PEDRE, ADRASTE, ISIDORE.

D. PEDRE.

QUe veut cet homme-là? Et qui laisse monter les gens, sans nous en venir avertir?

HALI.

J'entre, ici, librement; mais, entre Cavaliers, telle liberté est permise. Seigneur, suis-je connu de vous?

D. PEDRE.

Non, Seigneur.

HALI.

Je suis D. Gilles d'Avalos; & l'histoire d'Espagne vous doit avoir instruit de mon merite.

D. PEDRE.

Souhaitez-vous quelque chose de moy?

HALI.

Ouy, un conseil sur un fait d'honneur: Je sçay qu'en ces matieres il est malaisé de trouver un Cavalier plus consommé que vous; mais je vous demande pour grace, que nous nous tirions à l'écart.

D. PEDRE.

Nous voila assez loin.

ADRASTE, *regardant Isidore.*

Elle a les yeux bleus.

HALI.

Seigneur, j'ay receu un soufflet: Vous sçavez ce qu'est un soufflet, lors qu'il se donne, à main ouverte, sur le beau milieu de la jouë. J'ay ce soufflet fort sur le cœur; & je suis dans l'incertitude, si pour me vanger de l'affront, je dois me battre avec mon homme; ou bien, le faire assassiner.

D. PE-

D. PEDRE.

Assassiner, c'est le plus court chemin. Quel est vostre ennemy ?

HALI.

Parlons bas, s'il vous plaist.

ADRASTE, *aux genoux d'Isidore, pendant que D. Pedre parle à Hali.*

Ouy, charmante Isidore, mes regards vous le disent depuis plus de deux mois, & vous les avez entendus : Je vous aime plus que tout ce que l'on peut aimer, & je n'ay point d'autre pensée, d'autre but, d'autre passion, que d'estre à vous toute ma vie.

ISIDORE.

Je ne sçay si vous dites vray, mais vous persuadez.

ADRASTE.

Mais vous persuaday-je, jusqu'à vous inspirer quelque peu de bonté pour moy ?

ISIDORE.

Je ne crains que d'en trop avoir.

ADRASTE.

En aurez-vous assez pour consentir, belle Isidore, au dessein que je vous ay dit ?

ISIDORE.

Je ne puis, encor, vous le dire.

ADRASTE.

Qu'attendez-vous pour cela ?

ISIDORE.

A me resoudre.

ADRASTE.

Ah ! quand on aime bien, on se résout bientost.

ISIDORE.

Hé bien, allez, ouy, j'y consens.

ADRASTE.

Mais, consentez-vous, dites moy, que ce soit dés ce moment méme ?

ISIDORE.

Lors qu'on eſt, une fois, reſolu ſur la choſe, s'arreſte-t-on ſur le temps ?

D. PEDRE, *à Hali.*

Voila mon ſentiment, & je vous baiſe les mains.

HALI.

Seigneur, quand vous aurez receu quelque ſoufflet, je ſuis homme auſſi de conſeil, & je pourray vous rendre la pareille.

D. PEDRE.

Je vous laiſſe aller, ſans vous reconduire: mais entre Cavaliers, cette liberté eſt permiſe.

ADRASTE.

Non, il n'eſt rien qui puiſſe effacer de mon cœur les tendres témoignages....

D. Pedre appercevant Adraſte, qui parle de prés à Iſidore.

Je regardois ce petit trou qu'elle a au coſté du menton: & je croyois, d'abord, que ce fût une tache. Mais c'eſt aſſez pour aujourd'huy, nous finirons une autrefois. *Parlant à D. Pedre.* Non, ne regardez rien encore; faites ſerrer cela, je vous prie. *à Iſidore.* Et vous, je vous conjure de ne vous relâcher point: & de garder un eſprit gay, pour le deſſein que j'ay d'achever noſtre ouvrage.

ISIDORE.

Je conſerveray, pour cela, toute la gayeté qu'il faut.

SCENE XIII.

D. PEDRE, ISIDORE.

ISIDORE.

QU'en dites-vous ? Ce Gentilhomme me paroist le plus civil du monde ; & l'on doit demeurer d'accord, que les François ont quelque chose, en eux, de poli, de galant, que n'ont point les autres nations.

D. PEDRE.

Ouy ; mais ils ont cela de mauvais, qu'ils s'émancipent un peu trop, & s'attachent, en étourdis, à conter des fleurettes à tout ce quils rencontrent.

ISIDORE.

C'est qu'ils sçavent qu'on plaist aux Dames pas ces choses.

D. PEDRE.

Ouy, mais s'ils plaisent aux Dames, ils déplaisent fort aux Messieurs ; & l'on n'est point bien aise de voir sur sa moustache, cajoler, hardiment, sa femme, ou sa Maistresse.

ISIDORE.

Ce qu'ils en font, n'est que par jeu.

SCENE XIV.

CLIMENE, D. PEDRE, ISIDORE.

CLIMENE, *voilée.*

AH! Seigneur Cavalier, ſauvez-moy, s'il vous plaiſt, des mains d'un mary furieux dont je ſuis pourſuivie. Sa jalouſie eſt incroyable, & paſſe dans ſes mouvemens tout ce qu'on peut imaginer. Il va juſques à vouloir que je ſois, toûjours, voilée; & pour m'avoir trouvée le viſage un peu découvert, il a mis l'épée à la main, & m'a reduite à me jetter chez vous, pour vous demander voſtre appuy contre ſon injuſtice. Mais je le voy paroiſtre. De grace, Seigneur Cavalier, ſauvez-moy de ſa fureur.

D. PEDRE.

Entrez là-dedans, avec elle, & n'apprehendez rien.

SCENE XV.

ADRASTE, D. PEDRE.

D. PEDRE.

HE' quoy! Seigneur, c'est vous! Tant de jalousie pour un François! Je pensois qu'il n'y eût que nous, qui en fussions capables.

ADRASTE.

Les François excellent, toûjours, dans toutes les choses qu'ils font ; & quand nous nous mélons d'estre jaloux, nous le sommes vingt fois plus qu'un Sicilien. L'infame, croit avoir trouvé, chez vous, un assuré refuge : mais vous estes trop raisonnable, pour blâmer mon ressentiment. Laissez-moy, je vous prie, la traitter comme elle merite.

D. PEDRE.

Ah ! de grace, arrestez ; l'offense est trop petite, pour un courroux si grand.

ADRASTE.

La grandeur d'une telle offense, n'est pas dans l'importance des choses que l'on fait. Elle est à transgresser les ordres qu'on nous donne ; & sur de pareilles matieres, ce qui n'est qu'une bagatelle, devient fort criminel, lors qu'il est defendu.

D. PEDRE.

De la façon qu'elle a parlé, tout ce qu'elle en a fait, a esté sans dessein ; & je vous prie, enfin, de vous remettre bien ensemble.

ADRASTE.

Hé quoy ! vous prenez son parti, vous qui estes si delicat sur ces sortes de choses !

D. PEDRE.

Ouy, je prens son parti ; & si vous voulez m'obliger, vous oublierez vostre colere, & vous vous reconcilierez tous deux. C'est une grace que je vous demande : & je la recevray comme un essay de l'amitié que je veux qui soit entre nous.

ADRASTE.

Il ne m'est pas permis, à ces conditions, de vous rien refuser ; je feray ce que vous voudrez.

SCENE XVI.

CLIMENE, ADRASTE, DOM PEDRE.

D. PEDRE.

HOla, venez ; Vous n'avez qu'à me suivre, & j'ay fait vostre paix. Vous ne pouviez, jamais, mieux tomber que chez moy.

CLIMENE.

Je vous suis obligée plus qu'on ne sçauroit croire : mais je m'en vais prendre mon voile ; je n'ay garde, sans luy, de paroistre à ses yeux.

D. PEDRE.

La voici qui s'en va venir ; & son ame, je vous assure, a paru toute rejoüie, lors que je luy ay dit que j'avois racommodé tout.

SCENE XVII.

ISIDORE, *sous le voile de Climene*, ADRASTE, D. PEDRE.

D. PEDRE.

PUis que vous m'avez bien voulu donner vostre ressentiment, trouvez bon qu'en ce lieu je vous fasse toucher dans la main l'un de l'autre; & que tous deux je vous conjure de vivre, pour l'amour de moy, dans une parfaite union.

ADRASTE.

Ouy, je vous le promets, que, pour l'amour de vous, je m'en vais, avec elle, vivre le mieux du monde.

D. PEDRE.

Vous m'obligez sensiblement, & j'en garderay la memoire.

ADRASTE.

Je vous donne ma parole, Seigneur Dom Pedre, qu'à vostre consideration je m'en vay la traiter du mieux qu'il me sera possible.

D. PEDRE.

C'est trop de grace que vous me faites: Il est bon de pacifier & d'adoucir, toûjours, les choses. Hola, Isidore, venez.

SCE-

SCENE XVIII.

CLIMENE, D. PEDRE.

D. PEDRE.

Comment ! que veut dire cela ?

CLIMENE, *sans voile*.

Ce que cela veut dire ? Qu'un jaloux est un monstre hay de tout le monde ; & qu'il n'y a personne qui ne soit ravi de luy nuire, n'y eut il point d'autre interest : Que toutes les serrures & les verroux du monde, ne retiennent point les personnes ; & que c'est le cœur qu'il faut arrester par la douceur & par la complaisance : Qu'Isidore est entre les mains du Cavalier qu'elle aime, & que vous estes pris pour dupe.

D. PEDRE.

Dom Pedre souffrira cette injure mortelle ! Non, non, j'ay trop de cœur, & je vais demander l'appuy de la justice, pour pousser le perfide à bout. C'est, ici, le logis d'un Senateur. Hola ?

SCE-

SCENE XIX.

LE SENATEUR, D. PEDRE.

LE SENATEUR.

SErviteur, Seigneur Dom Pedre. Que vous venez à propos !

D. PEDRE.

Je viens me plaindre à vous d'un affront qu'on m'a fait.

LE SENATEUR.

J'ay fait une mascarade la plus belle du monde.

D. PEDRE.

Un traistre de François m'a joüé une piece.

LE SENATEUR.

Vous n'avez, dans vostre vie, jamais rien veu de si beau.

D. PEDRE.

Il m'a enlevé une fille que j'avois affranchie.

LE SENATEUR.

Ce sont gens vetus en Maures, qui dansent admirablement.

D. PEDRE.

Vous voyez si c'est une injure qui se doive souffrir.

LE SENATEUR.

Les habits merveilleux, & qui sont faits exprés.

D. PEDRE.

Je vous demande l'appuy de la justice contre cette action.

LE SENATEUR.

Je veux que vous voyez cela; on la va répeter pour en donner le divertissement au peuple.

D. PEDRE.

Comment! dequoy parlez vous là ?

LE SENATEUR.

Je parle de ma mascarade.

D. PEDRE.

Je vous parle de mon affaire.

LE SENATEUR.

Je ne veux point, aujourd'huy, d'autres affaires que de plaisir. Allons, Messieurs, venez; voyons si cela ira bien.

D. PEDRE.

La peste soit du fou, avec sa mascarade.

LE SENATEUR.

Diantre soit le fâcheux, avecque son affaire.

SCENE DERNIERE.

Plusieurs Maures font une Danse entr'eux, par où finit la Comedie.

FIN.

www.ingramcontent.com/pod-product-compliance
Lightning Source LLC
LaVergne TN
LVHW010008230826
846092LV00002B/716
9782329656021